Alexander Gurman Negotiations Alexander@AlexGurman.com 917.825.8225
The biology of Negotiation Tragedy

Questions to cover
How to scientifically measure success of negotiations?
How to come out with big success against best sales people?
How to justify negotiations?
How to improve your sales and negotiations skills?
How to negotiate big deals?
How to make 100K first year on the sales job, like me
How to negotiate better than best sales people?
How to make politicians to do the right thing?
Weaknesses of the best sales people would be analyzed
Negotiations with difficult people would be evaluated.

I. **Fundamentals**
   A. Frames, strategies, planning
   B. Best Alternative To A Negotiated Agreement (BATNA)
   C. Zone Of Possible Agreement (ZOPA)
   D. Communication, Perception
   E. Cognitive Biases, encoding
   F. Interests, goals, agenda, wants and needs
   G. Leverage, power, persuasion
   H. Preparation, execution, evaluation
   I. Audience, bystanders, constituents
   J. Conflict (domination, power straggle, revenge)
   K. Information, persuasion, message
   L. Game theory, honesty

II. **Principles**
   A. Ethics versus morals
   B. Decision rules (Machiavellianism)
   C. Dealmakers, expertise, mediation
   D. Collaboration, mergers, hardball tactics, issues
   E. Halo effect, stereotypes, selective perception
   F. Bargaining mix, Audience

   a. **Distributive sale,** zero sum situation, outsiders
      1. Reservation price, manipulations, deadlines, pressure, tension, ultimatums
      2. low ball, high ball, commitments, opening offers,
      3. Concessions, combative techniques, naming, labels
      4. bargaining positions, differences, lying, trust
      5. Ego, emotions, saving face, remedies, overconfidence
      6. Power (intoxication, legitimacy, source)
   b. **Integration, collaboration**
      1. value creation, dialogue, value of time, tradeoffs

         2. acknowledgement, trust, solutions, social awareness
         3. active listening, feedback, options
         4. alternatives, justice, relationship, tangible vs. intangible
         5. avoidance, influences, number of parties
         6. collective bargaining, outcome establishment
    c. Agency dilemma, political implications,
    d. Creativity and flexibility of negotiations
III. **Applications, strategies, tactics**
    a. Cultural variations, negotiations schools, Harvard, science, research
         1. international negotiations, Eastern European approach
         2. Japanese style, American style, Chinese approach
    b. Group discussions, third party approach
    c. Building coalitions, employees
    d. Personality affect, gender (feminism, mature)
    e. Difficult negotiations, silence, Closers, sales techniques
    f. Dressing for negotiations, non verbal negotiations
    g. Negotiations Behavior, likeness, appeals, win-win cases
    h. Braking of negotiations, Defense, cooling off, problem solving
    i. Frequently Asked Questions

Private Manual of Relationship Management

Эффективный Relationship Management состоит в том, чтобы воздействовать на людей или, хотя бы, предвидеть их поведение. Для того, чтобы предвидеть поведение людей и целенаправлено воздействовать на него необходимо понимать механизмы, которые формируют это поведение. Обычно человек сознательно (а еще чаще подсознательно) маскирует внутреннюю работу своей психики, чтобы скрыть побудительные силы своего поведения и тем самым защитить свою независимость поведения. Часто он искренне не хочет сам видеть из каких компонентов формируется его поведение, однако имеются общие биологические основы поведения и, видя и понимая их, можно «очистить» движители поведения от кожуры внешнего оформления. При всех новомодных и старинных морально-этических наслоениях, анализируя корневые, сердцевинные биологические механизмы поведения можно весьма точно понять поведение человека, который никогда не переставал быть биологическим объектом и социальные проявления которого также не есть нечто случайное, но суть надстройка, призванная лишь повысить эффективность механизмов достижения биологических результатов. Например, сильно огрубляя можно сказать, что сама этика поведения не есть произвольная фантазия человека, но способ выживать в концентрированных сообществах себе подобных достаточно длительное время.

Поведение состоит из **поступков** и **комментариев**. Поступки – это действия (бездействия) объектов взаимодействия, а комментарии – это аура собственных и чужих эмоций, сопровождающая поступки. Поступки – сердцевина, суть поведения, комментарии – соус. Поступки всегда направлены на достижение значимого для объекта поведения результата, который воспринимается в ауре комментариев. «Соус» (комментарии) служит для модуляции восприятия поступков самим объектом поведения и окружающими. В одних случаях он однонаправлен с поступком и усиливает результат поступка (например, о поступке рассказывается многим экспертам окружающего социума или он ярко хранится в памяти и многократно вспоминается). Такова природа хвастовства, пропаганды, рекламы, самооправдания и самовосхваления. В других случаях комментарии действуют в противоположном направлении, принижая, умаляя и оправдывая поступок, который человек все равно совершает. Комментарии могут принимать форму поступков, а их достижение может быть смыслом, целью поступка. Иногда комментарий сам становится поступком, как, например, выражение одобрения или порицания некоего политического акта – весьма существенный поступок. Поступок порождает комментарии (внутренние или наружные), комментарии стимулируют следующие поступки.
Комментарии могут быть двух родов: 1) словесные, вербализованные, и 2) мимические, антуражные. Словесные комментарии свойственны в основном человеку, мимические – всем живым существам. Вербальные комментарии могут быть сигналами разной формы восприятия. Они могут быть речью поощрения,

карикатурой осуждения, музыкальным сопровождением приятного или неприятного оттенка, могут быть поглаживанием или шлепком.

Поступки инициируются мотивациями и ошибками. Мотивации – это осознанные или неосознанные стремления удовлетворить потребности организма и психики. Они подчиняются логической причинно-следственной связи. Ошибки в работе механизма поведения неизбежны и природа вместо того, чтобы бороться с неизбежным, использует их в процессе развития и адаптации (есть вполне корректная аналогия роли ошибок в поведении с ролью мутаций в работе наследственного аппарата. С одной стороны, делается все возможное, для того чтобы недопустить и исправить ошибки, с другой стороны, ошибки могут служить материалом для внесения творческого прорыва, а уж практика проводит «естественный отбор»). Особенностями ошибок является то, что они достаточно редки, плохо предсказуемы (хотя закладывание в расчеты некоторой доли их вероятности только повышает точность предсказания поведения). Ошибки бывают случайными (наиболее трудно предсказуемые) и систематическими, наведенными. Наиболее частой причиной систематических ошибок поведения является болезнь и извращенное воспитание, а также умышленное индуцирование их извне с помощью неадекватной информации или из-за ее отсутствия, когда без случайного действия никакого другого действия вообще быть не может (Буриданов осел!).

Мотивации возникают под действием внутренних, порожденных самим организмом, естественных биологических индукторов, и под воздействием наведенных влияний. Внутренние, самые важные, стимулы имеют биологическую природу. Они неизмены и не имеют индивидуальных исключений. Хотя их проявление в некоторой степени может модифицироваться психологическими табу и воздействием окружающей среды, тщательный анализ всегда выявит эти биологические индукторы поведения под наслоениями мимкрирующих актов.

Существует правило: какими бы красивыми причинами не объяснялось внесение поправок в анализ, самообман при попытке научного анализа ведет к потере выводами всякого смысла. То же самое как с Коперником – будучи, в принципе, религиозным человеком еще до цензуры церковью он испытывал дикий дискомфорт от того, что его космологическая теория противоречила любимому библейскому учению. Ему было стыдно от этого, но он ничего не мог поделать с результатами научного анализа, но, будучи ученым, он ничего не мог поделать. Прошли века и церковь нашла пути примирения своих догм с учением Коперника и сегодня достаточно людей, признающих теорию Коперника и исповедующих религию, хотя и слегка подправленную в связи с объективными данными космологии. Ну что поделаешь не все на самом деле обстоят так красиво как на самом деле, но факты первичны и если какие-либо мировозренческие, психические, этические, политические и прочие взгляды им противоречат, то адаптироваться следует именно им, а не фактам. И ничего страшного не происходит. Дарвин умер религиозным человеком, хотя и разрушил еще один важный постулат религии. Тем более эти замечания важны, когда мы касаемся такого деликатного вопроса, как мотивы нашего поведения. Как красиво звучит теория появления детей с помощью аистов и как вульгарно, прозаично все выглядит в изложении гениколога, но проходит несколько лет, мы идем в школу и принимаем акушерские взгляды на наше появление на свете, и при этом не становимся хуже, аморальнее или злее – чтож поделаешь если мир устроен иначе, чем в сказке!

Итак, подготовив читателя к объективному, непредвзятому анализу поведения человека займемся основополагающими, коренными движителями этого поведения. Позже мы вернемся к этическим аспектам и увидим, что ничего страшного не произойдет с нравственностью даже если не закрывать глаза на не очень приятные факты. В конце концов, какие удивительной красоты цветы произрастают порой на хорошо унавожженной почве!

Итак что нужно любому человеку каким бы высокоморальным он себя не считал? Понятно, что человек должен дышать, кушать, пить, испражняться и удовлетворять другие естественные потребности. По этому поводу спора нет и удовлетворение этих потребностей его неизменный стимул к деятельности. Еще ему нужно размножаться – это закон всего живого. И еще ему нужно получать удовольствия, чтобы положительными эмоциями поддерживать свой мозг в состоянии комфорта. Ему также нужно избегать отрицательных эмоций, что в какой-то мере то же самое, что не получение анти-положительных эмоций. Не столь важен сам положительный или отрицательный стимул, сколько их баланс – баланс возрастает с увеличение ++ также, как и с уменьшением --. Конечно, уменьшением ++ даже полное отсутствие минусов (до нуля) дает весьма малый баланс.

Сумма стимулов к удовлетворению естественных потреностей в обобщенном виде сводится к понятию «пользы», корысти (последнее слово имеет в восприятии человека неприятный оттенок, но это уже из области оценок, а суть стимула – польза для организма. Такими же естественными, животными стимулами являются стремление к самосохранению, стремление к поддержанию гомеостаза и самовоспроизведению и размножению. Все эти естественные стимулы присущи человеку не меньше, чем любому живому существу и их не надо стыдиться в себе и забывать в других людях. Поиск пользы настолько сильный стимул, что он не имеет самоограничителя и поэтому часто перескакивает границы разумного. Когда не грозит голод, холод, удушье или жажда, когда вроде бы жизненные потребности удовлетворены, животное продолжает в той или иной степени искать пользы для себя, создавая сначала разумные или даже сверх необходимого запасы, а затем поиск пользы превращается в самостоятельный процесс приобретения «пользы», столь приятный даже в тех случаях, когда рационально воспользоваться приобретенным нет никакой возможности, даже польза приобретает характер тяжелой обузы. Это побудитель накопления богатств, размеры которых превосходят реадьные потребности самого их накопителя и его отдаленных потомков.

Подобным образом природа «расточительно» поступает во многих случаях, не тратя сил на создание механизма жесткого самоограниения в условиях, когда ситуация не может естественным образом стать избыточной. Певчие птицы в неволе должны получать ограниченное количество сбалансированного корма. Если не оганичивать такую птицу в клетке и дать ей вволю корм, то она обычно выбирает самые лакомые, «самые ценные» с точки зрения природы, самые богатые жирном зерна, и вскоре ожиреет, перестанет петь и даже может погибнуть. В естественных условиях такого не может быть, т.к. такие зерна редко достаются птичке, которая должна хорошо поработать, налетаться пока добудет столько корма, сколько без труда получает в клетке, поэтому природе не было необходимости создавать специальный организм лимитации «сверху» стремления потреблять. Возможно, именно поэтому в условиях «неестественного бесплатного изобилия» так много ожиревших во всех смыслах существ – в природе такое не возможно: умереть от недостаточного стимула добывать «пользу» - реальный риск, а от избытка вред становится реально возможным только в искусственных «человеческих» условиях. Единственный способ избежать вреда от избытка в искусственных условиях – искусственный самоконтроль.

Стремление к получению пользы – очень сильная мотивация и практически всегда под наслоениями «высоких материй», под красивыми словами, под ссылками на моральные обязательства и т.д. можно разглядеть биологический стимул к получению пользы, часто - утрированной пользы. Мы дети природы и в этом плане не сильно отличаемся от других ее детей.

Значительно более «человеческой» мотивацией является **стремление к самоуважению**. То есть, при желании можно усмотреть подобную мотивацию в поведении других, в первую очередь высших, животных, но там она, как правило, сопряжена с выгодой, с пользой. Доминантный самец в стае волков, в прайде львов, или в семье обезьян требует поклонения и это поклонение почти напрямую связано с получением лучшего куска пищи или количества самок, готовых помочь ему продолжить себя в потомках. У человека стремление к самоуважению крайне гипертрофированно. Если волк, выпрашивая у других свою долю, получит достаточно, то он поступится своей гордостью без всяки видимых сожалений – польза для него первична. Неважно каким образом добыта пища, спасена жизнь, самка принуждена к предоставлению своих услуг - лишь бы получить желаемое.

У человека стремление к самоуважению – мотивация главная. Я говорю «к **само**уважению» и включаю в это понятие и уважение других людей, потому что уважение окружающих – важный компонент самоуважения, но только лишь одна из составляющих уважения к себе. В массе случаев человек может не очень ценить уважение окружающих, но без уважения к себе, любимом, жить не может. Понятно, что уважать себя в атмосфере уважения от окружающих легче, но главное – уважать себя. И никакими силами не заставить человека перестать себя уважать - здесь компромисса быть не может.

Самоуважение, основанное на высокой самооценке, пожалуй, даже важнее пользы, оно как бы само собой подразумевает пользу, поскольку как уважать себя, если ты обеспечен пользой меньше, чем тебе хочется? Самооценка всегда соотносительна: по отношению к прежним эталонам (т.е. по отношению к тому, что ты видел или читал раньше, по отношению к опыту в плане отношений людей тебе уже известных) – так называемое сравнение с прошлым; по отношению к окружающим эталонам – сравнение с настоящим; и сравнение с прогнозируемыми эталонами – сранение с гипотетическим будущим. Кстати, способ самооценки, основанный на сравнению с гипотетическими будущими эталонами очень сильный по последствиям механизм и одновременно наиболее манипулируемый. Именно он, например, лежит в основе поведения фанатиков: да, сегодня мой ранг, мое место презираемо и даже жизнеопасно, но в будущем, в том будущем, каким я его вижу, мое место будет на самом верху, в раю, среди несметно больших богатств. Ниже, когда мы будем разбирать способы менджмента, т.е. воздейсвия, управления, мы покажем, что часто наиболее эффективный способ управления поведением человека основан именно на этом его свойстве – самооценке на основе прогнозируемого будущего. Этого будущего еще нет, его никто не видел, и каким оно будет никто в точности не знает, поэтому его можно представить в нужном виде и добиться от человека желаемых результатов. В отношении прошлого не так уж много возможностей манипуляции, можно его слегка исказить, слегка поменять ему оценку, но всегда существует возможность проверить многое из происшедшего по фактам и для достаточно умного и компетентного объекта воздействия всегда есть способ противостоять управляющему воздействию извне. Также не легко воздействовать на поведение человека через его восприятие окружающих эталонов настоящего времени – уж очень конкретно это настоящее и если у одного субъекта на счету в банке 138 долларов, а у его знакомого миллион, то очень трудно первому чувствовать себя богаче второго ниже мы разберем приемы, которые даже в таких очевидных ситуациях позволяют ежедневно воздействовать на нашу и вашу самооценку). Если же учесть, что мы никогда не имеем дела с реальным прошлым или с реальным настоящим (мы оперируем только с нашими представлениями о прошлом и настоящим, основанными на следах этого прошлого и на видимости настоящего), то следует по аналогии с временами английской грамматики ввести самооценку «прошлого через будущее» и самооценку на основе эталонов «настоящего через будущее». Что я имею ввиду? Например, известно, что живший две тысячи лет назад господин И(сус) говорил то-то и то-то и поступал так-то и так-то, и в результате получил то-то и то-то. Но ведь никто не может исключить, что в *главном* будущем ему досталось нечто совсем другое. Да, он проповедовал доброту и получил казнь, но в главном будущем он получил бессмертие и всемирную славу. Да, конкретный человек имеет на счету 138 долларов, а его знакомый – миллион, но в будущем, второй должен выплатить кредит в размере 15 миллионов, а первый получит %% на свои сбережения и окажется богаче второго. Внедри эти мысли в человека и его самооценка при тех же прошлых и настоящих эталогах сильно изменится. Главное, это то, что действовать он будет под побуждением основных мотиваций – пользы и самоуважения. Конечно, выглядит это все очень эгоистично и достаточно непривлекательно, но этому есть веские причины и самое главное – это правда, а с правдой не спорят. Другое дело, что не обязательно менять нравственность и этику, которые своей длительной историей помимо всего прочего говорят, что не так уж случайны их формы, если они выжили и работают поныне. Только глубинные механизмы их несколько иные, чем кажется неаналитическому наблюдателю.

Да, я утверждаю, что человек – егоист по своей природе. Злитесь на меня сколько хотите, не я его таким сделал. Я только констатировал факт. Природа, которой нет дела до нашего отношения к ее творчеству, сделала живой объект егоистом по сути, и, видимо, по другому и быть не могло. В природе на самом деле есть только один выбор – выжить:невыжить. Каким бы красивым мотивом не определялся выбор «не выжить», среди потомков не будет тех, кто сделает такой выбор. Так было на уровне метаболического соревнования живых объектов на стадии эволюции до человека, так сохранилось и в нас. С возникновением психического соревнования, достаточно оторванного от психического соревнования, как подпоры метаболического (за материальную пользу) оказалось, что опять же кто в нашей психике занимает центральное место? Кто главный в картине осознаваемого нами мира? – Сам человек! Кто ближе всего к нам, как не мы сами, наш психический двойник соматической конгломерации атомов. С кем первым мы встречаемся, когда приходим в этот мир как сознающее существо и кто последний, с кем мы прощаемся, когда уходим из него? С кем мы не разлучаемся ни на минуту, пока мы в сознании? У кого интересы ближе всего совпадают с нашими, как не у нас самих? Вот и получается, что наше Его – в центре нашего психического мира и действовать человек будет только в интересах себя самого. Другое дело, что эти интересы весьма сложные, комплексные, и действуя в конечном счете в своих интересах, человек очень часто поступает альтруистично, гуманно по отношению к другим, может быть даже жертвенно. Итак, переходим к краткой главе о морали, нравственности и этике с позиций биологического аналитика.

ГЛУБИННЫЕ МЕХАНИЗМЫ МОРАЛИ, НРАВСТВЕННОСТИ И ЭТИКИ

Мораль, нравственность и этика поведения кажутся теми категориями, которые отливают человека от всего животного мира. Возникли ли они как озарение человечества? Те, кто буквально принимают библию, говорят – да, он данни человеку и только человеку, исходят от бога и возникли одномоментно, сразу, нипример, в момент вручения скрижалей с10-тью заповедями. Правда, и они в след за библией говорят и постепенном становлении морали и нравственности в человеке и в человечестве. И они не отрицают, что обретение морали не разовое озарение, но процесс, в который по мере течения времени вовлекается все большая доля человечества, да и сам человек в своем развитии поднимается по ступеням обретения духовного совершенствования. Существует и другое мнение. Есть люди, сомневающиеся в догмах и допускающие что все могло происходить иначе, и скорее всего иначе именно в том смысле, что морально-этические особенности человека могли развиться в ходе естественного процесса. Мне всегда казалось, что биологические механизмы эволюции имеют достаточный креативный потенциал для создания многих, казалось бы сугубо человеческих качеств, постепенно без разрыва с предшествующим развитием живого. В последнее время появились вполне научные работы, которые с фактами в руках подтвердили, что самые казалось бы человеческие качества как альтруизм, жертвенность и т.д. имеют зачатки в поведение других животных, по крайней мере у приматов. И что особенно важно, оказалось, что генетические механизмы и естественный отбор вполне логично согласуются с естественным (биологическим) происхождением этих человеческих качеств.

1. Эволюция морали.

2. Эволюция нравственности.
3. Эволюция этики.
4. Ритаулизация поведения как путь экономии аналитической работы.
5. Подсознательные механизмы взаимодействия индивидуумов.
6. Внутреннее чувство справедливости. Множество справедливостей.
7. Этика и мораль как динамично развивающаяся система.

СТРАТЕГИЧЕСКОЕ ЕДИНСТВО МОТИВАЦИЙ И ТАКТИЧЕСКАЯ КОНФЛИКТНОСТЬ СТИМУЛОВ

1. Внутренний конфликт как способ развития поведения.
2. Временной аспект мотиваций и значимости стимулов.
3. Случайность как способ разрешения неразрешимого конфликта.
4. Единство мотиваций как базис исполнительных решений.
5. Деньги как обезличенная польза.
6. Титулы и раритеты как обезличенное мерило самоуважения.
7. Талант (дар) как источник самоуважения.

ТЕХНИКА УПРАВЛЕНИЯ ПОВЕДЕНИЕМ

1. Роль и место внешнего управляющего в системе ценностей управляемого.
2. Стереотипы поведения: возникновение и переделка.

А) Мужчина;

Б) Женщина;

В) Ребенок;

Г) Философ;

Д) Художник;

Е) Эстет;

Ж) Спортсмен;

З) Зануда

И) Смешанные стереотипы.

3. Долгосрочное управление. Разовое управление.
4. Прогнозирование поведения управляемого до и после воздействия.
5. Кординальная переделка мотиваций государством, обществом, религией.
6. Relationship неравных сторон:

А) Командные переговоры;

Б) Переговоры квазиравных;

В) Переговоры с позиций субдоминантного.

7. Проникновение в защитную оболочку. Установление контакта.
8. Арифметика и психология переговоров.
9. «Большие числа», эссенциальные cases. Вероятностный и адресный подходы.
10. Прием подмены стимулов и модуляция гипотетических эталонов.
11. Генерация ошибок.
12. Ритуальные пассы
13. Щажение чувств.

ПСИХОЛОГИЯ ГРУППОВЫХ ВЗАИМООТНОШЕНИЙ

1) Статистические взаимоотношения.

2) Адресные взаимоотношения групп.
3) Команда как интеграл игдивидуальных психологий.

ЗАКЛЮЧЕНИЕ
Человек – прекрасное и интересное существо, которому незачем стыдиться своей биологической природы, но нужно понимать ее, руководствоваться ею и использовать ее.

«Большие числа», эссенциальные cases. Вероятностный и адресный подходы.

Допустим, идет рекрутирование в проститутки. Пример с заведомым противопоставлением корыстной мотивации и стремления к самоуважению. Прибыльное занятие, но крайне неприятное. Понятно, что обращение к максимально возможному числу потенциальных работниц найдет некоторый ответ. Но что будет в случае, если задача состоит не в том, чтобы набрать побольше сексуальных рабртниц, а в том, что конкретную девушку (причем любую) склонить к этому. Также понятно, что в нищих регионах (странах) доля принявших это предложение из числа получивших будет существенно выше, чем в богатых. Еще понятно, что с увеличением гонорара доля тех, кто послушается корыстной мотивации выше, чем тех, кто послушается мотивации психологического комфорта. И, наконец, вполне очевидно, что среди бедных кантидаток всегда найдутся такие, которые ни при каких материальных посулах не пойдут на данное предложение – скорее умрут с голоду, чем опустят себя. Спрашивается: при любых ли условиях и методах рекрутирования найдутся, те, кто не будучи голодными устоит перед рекрутером?

РЕМОНТ ОТНОШЕНИЙ

Отношения – это процесс. Здесь как бы должна всегда стоять табличка «Caution: Under Construction!». Вы можете быть семи пядей во лбу, и все равно ошибки возникнут. По вашей ли вине, по вине обстоятельств или по вине партнера, но что-то произойдет такое, что нарушит ваши отношения, что-то будет сделано не так. У одаренного, опытного relationship manager разрывов отношений будет меньше, у менее талантливого или обученного их будет больше, но они всегда будут. Единственная разница между тем, кто может быть relationship manager и тем, кому следует поискать другую карьеру, состоит в том, что тот, кто хочет достичь высот в relationship management должен уметь ремонтировать отношения, не важно по какой причине испорченные, извлекать пользу даже из этого сырья. В конце концов, плохие испорченные отношения – тоже отношения и если удастся поменять знак с минуса на плюс, то они могут стать полезными в последующем.

Конечно, в ремонте отношений много конкретики и каждый случай требует уникального подхода, но некоторые общие рекомендации можно дать. Это как в производстве, скажем, компьютеров и их ремонте: вся серия делается одинаково, стандартно, а ремонт любого из них требует индивидуального подхода – у одного нужно заменить предохранитель, у другого переписать программу или заменить деталь. Тем не менее существуют общие правила: с чего начать ремонт, как его выполнить и какие особенности могут возникнуть у этого конкретного компьютера в дальнейшем в связи с тем, что что-то в нем в результате ремонта оказалось не стандартным.

Итак, первый шаг к ремонту отношений – анализ, выяснение причины, приведшей к сбою отношений. Однако еще раньше, чем делать первый шаг следует обратить внимание на одно важное обстоятельство – это, если можно так сказать, нулевой шаг. Следует оценить на сколько сам relationship manager вовлечен в эти отношения и как к ним относится. Если это вопрос его персонального участия и кроме пользы он руководствуется еще и мотивами самоуважения, то ему будет трудно курировать такой ремонт и делать это он будет с большой долей эмоций. Возможно даже ему поадобится еще один relationship manager для ремонта его отношений с клиентом. Если же он выступает с позиций профессонала, то все эмоциональное должно быть отброшено и руководствоваться он должен соображениями пользы. Ничего личного, чистый бизнес.

Поскольку ремонтирующий отношения сам вовлечен в эти отношения удобно начинать анализ с себя. Полезно думать, что даже если в порче отношений по сути виноват партнер, все равно есть доля вины и самого relationship manager. Ведь ошибка управляемого очень часто означает, что управляющий не распознал сразу особенности данного конкретного управляемого, его склонность совершить подобную ошибку, и не внес коррективы в свое поведение, в свой менеджмент отношений. Кстати, весьма полезно изначально думать именно о своих ошибках, а не об ошибках партнера (мы ведь рассматриваем все с позиций двух мотиваций поведения – поиску пользы и защиты самоуважения). Парадокс состоит в том, что если ошибка совершена мной, то субъект, подлежащий коррекции (т.е. я сам) мне легче доступен, чем когда ошибку сделал некто другой, к кому доступ затруднен. Причину сбоя отношений следует анализировать очень тщательно и со всей возможной объективностью, в ряде случаев это лучше делать письменно. Поскольку мы лично вовлечены в эти эмоциональные отношения добиться объективности от себя крайне трудно, и если не удается анализировать абсолютно объективно, то лучше склоняться к противоположной точке зрения на разногласия, чем к своей – так больше шансов на объективную оценку. Не всегда помогает даже выслушивание чужого, третейского, мнения о ситуации – этот «чужой» может невольно подыгрывать одной из сторон, может вносить свою меру субъективности, а платить за результаты решения задачи предстоит вам. Кроме того, часто в словах третейского судьи мы слышим не все его мнение, а только ту часть, которую хотим услышать. Так что постарайтесь максимально объективно проанализировать цепь поступков, приведших к сбою отношений и выявить критические для вас и критические для вашего партнера моменты, приведшие к поломке отношений. *N.B! Старайтесь запоминать свои ошибки. При всей широкой гамме возможных ошибок может оказаться, что вы, конкретный человек, избираете делать одни и те же ошибки. Если вы выявите эти повторяющиеся ошибки - вам легче будет совершенсвовать себя.*

Взаимоотношения, особенно имеющие некоторую историю, включающую более одного-двух контактов, имеют свойство самоотладки, поэтому крайне редко сбой происходит по одной конкректной причине. За исключением особо грубых ошибок, которые очевидны невооруженному глазу, обычно сбои взаимоотношений возникают при серии разных ошибок и при их анализе не следует останавливаться при выявлении одной, самой очевидной причины сбоя, ей наверняка сопутствуют и другие ошибки поведения сторон. Следует выявить их всех. Весьма полезно классифицировать ошибки. Типы ошибок бывают следующие: ущерб пользе одной из сторон, ущерб уважению, неправильная коммуникация (это когда сигналы одной стороны прошли мимо внимания другой стороны или были неверно истолкованы) и ошибки привесенные извне (например, третьей стороной).

Мало перспективна надежда показать и втолковать противной стороне ее ошибки – никто не любит чувствовать свою вину (помните уважительный аспект мотивации!). В меру таланта и заинтересованности в продолжении контактов виновная сторона потратит все силы на то, чтобы доказать, что ее ошибки вовсе и не ошибки и уж по крайней мере с лихвой перекрываются ошибками другой стороны – такой диспут есть явный путь к углублению конфликта и окончательной порче взаимоотношений. Ошибки же со своей стороны, ошибки коммуникации и ошибки третьей стороны вполне можно и нужно обсудить совместно с партнером по взаимоотношениям. Понятно, что ошибки, внесенные извне (третьей стороной или коммуникативными причинами) следует исправить и вместе посмеяться над ними. Станьте со своим клиентом по одну сторону баррикады.

Выявив причины сбоя отношений следует найти наиболее адекватный из множества возможных путей коррекции взаимоотношений. Понятно, что сбои, вызванные нанесением ущерба полезностной составляющей мотивации следует по возможности исправить. Глупо нанеся вред имущественным интересам партнера думать о поздравительной открытке с извинениями как способе восстановить отношения.

Итак, первым делом следует максимально исправить то, что уменьшило «пользу» вашего партнера, а сделав в этом направлении все возможное можно поискать психологические варианты восстановления отношений. Таких способов исправления климата взаимоотношений очень много.

Например, можно просто извиниться. Это очень сильный прием, имеющий глубокие биологические корни. Волчонок, не по рангу оттяпавший кусок более важного сородича, ложится на спину, подставляет свое незащищенное брюшко. Молодой волк, ошибочно посягнувший на ранг старшего, подставляет незащищенное горло, прося прощения. И не было случая, чтобы тот, кто минуту назад готов был силой пробиться к этим уязвимым местам на теле противника чтобы наказать его за проступок, впился клыками в признавшего свою ошибку. Особенно сильно действует этот прием, когда он выполняется искренне, без каких-либо условий («вот я признаю эту ошибку, а ты признай вот ту!»). Еще больше его можно усилить сконцентрировавшись на извинениях. Когда вы обстоятельно и неоднократно говорите о своих ошибках, слушающий как бы начинает испытывать дефицит внимания: идет эмоциональный разговор и не он, любимый, является его центром, хотя ему и приятно слушать извинения. И тогда у него почти единственный способ вернуть разговор к себе, любимому, это сказать что-то вроде того, что: - «Да, это конечно так. Ты молодец, признав свою вину, да и я тоже сделал/не сделал то-то и то-то. Так что давай будем считать - квиты!»

Следует однако иметь ввиду, что в некоторых культурах признание ошибок, извинения почти равносильны потере лица и с человеком, «потерявшим лицо» дела не ведут. В других (чаще всего мусульманских) извинения расцениваются как слабость, а со слабым опять же дела не делают. В этих случаях извинения должны быть принесены в косвенной форме.

Другая техника восстановления отношений – активная пауза. Состоит этот прием в том, что после конфликта искусственно делается перерыв в отношениях. Применяется он тогда, когда слишком накалены эмоции, когда разумного компромисса в конфликте достич не удается, когда чувства ущемленного самолюбия существенно превалируют над чувствами пользы. По прошествии времени, оказывается, что то, что казалось непростительной обидой таковой уже не является, появляются мысли о пользе взаимных отношений, да и просто естественное человеческое любопытство пробуждает интерес к противной стороне – ну как он там? Достаточно ли прочувствовал конфликт? Не готов ли он компенсировать потери? Иногда пауза должна быть на пару дней, иногда – месяцы или даже годы. Прием вполне работает, если его применять в неразрешимой иным способом ситуации и тщательно выверить длительность паузы, однако он требует много времени и может одной-двух жизней не хватить для успешного завершения переговоров. При подписании мирных соглашений между народами он, возможно, вполне хорош, но в других случаях может быть равноценен убийству самих отношений. Что с того, что клиент вашего банка вернется к вам через несколько лет, если к тому времени вы уже там не будете работать!

Еще один прием – провокация. Состоит он в том, что сторона, не уверенная в своей правоте, провоцирует другую сторону на заведомо утрированые, неадекватные слова/действия, в результате которых весы взаимных ошибок уже склоняются в другую сторону. Как бы агрессивно человек не вел себя, ему необходимо чувство, что его гнев, претензии, слова осуждения справедливы. Если в начале спора он прав, то его стремление разрушить отношения не только эмоционально подкреплено, но и базируется на чувстве справедливости претензий. Задача другой стороны при этом способе разрешения конфликта – подтолкнуть возмущающегося к перехлесту. Его обвинения становятся чрезмерны и может наступить момент, с которого он утратит нравственное преимущество, наговорит (сделает) лишнее, и тут уже он окажется в положении стороны, чувствующей свою неправоту.

Для разрешения конфликта иногда применяют прием подмены. Спор из области, где правота противной стороны очевидна, переводится в область, в которой правота уже не столь очевидна, сомнительна или даже вовсе сменяется неправотой. Например, если конфликт вызван сугубо деловой, ведущий может придать ему личностный оттенок, показав, что хотя в отношении бизнеса он неправ, но зато чувствует себя оскорбленным лично. Можно рассматривать и другие приемы починки отношений, но важно помнить, что во всех случаях непосредственно за действиями по разрешению конфликта должны следовать слова и дела по налаживанию длительных позитивных отношений. Конфликт не только должен быть улажен, но и закреплен непосредственно следующим за этим совместным делом.

И еще одно важное правило: ох как приятно, как хочется в послеконфликтный период напомнить еще раз-другой, что противная сторона была не права и что это Я, любимый, нашел выход из положения. Не делайте этого никогда. Ведите себя как если бы вы искренне забыли свою победу. Ничто так надежно не разрушает long term relationship как напоминание об ошибках или о невыигранных спорах. Искренне забудьте об этом, но помните своих ошибках и промахах.

Пакет знаний для успешного менаджмента

Американский преподаватель, курс программы на основе бизнес школы Гарвард Университета

- Ходовая специальность
    - Высокие зарплаты
        - Вечная потребность
            - База независимости

Курс включает:
*законодательство по предпринимательству;
*эссенция маркетинга;
*законы и практические рекомендации по менеджменту;
*теория служебных отношений;
*практическое руководство по написанию бизнес-плана;
*путеводитель в вопросах финансов и привлечении инвестиций;
*психология продаж, привязка к местности, технологии;
*корпоративная отчетность;
*участие в государственых программах на получение грантов SBA, BCEC

Примеры: раскрутка интернет-магазина, открытие магазина розничной торговли, интенсификация сервис- бизнеса (ландромата, кар-сервиса).

НЕРАВНЫЙ БРАК

Бывают ситуации, когда приходится вести дела с партнером, который во многих отношениях стоит на другой социальной ступеньке, чем вы. Если ступенька relationship manager существенно выше, чем клиента, то такие отношения для него не представляют особого труда при условии, что ему хватает культуры, воспитания и просто человеческих качеств, чтобы не унизить клиента, не заставить его испытывать дополнительные неприятные чувства из-за своей малости. Дело от этого только выиграет – помимо того, что демонстрация превосходства просто нелегальна и противоречит элементарным требованиям корпоративной этики, всегда помните, что тот кто сегодня унижен, может завтра владеть всем миром. В любом случае, если даже он никогда не поднимется над вами, ваше уважительное отношение к нему будет награждено благодарностью и вы не только в душе испытаете удовлетворение собой, как хорошим человеком, но, возможно, еще и получите пользу от легкости общения с этим клиентом. В крайнем случае, вы снижаете шанс того, что объективно слабый выплеснет на вас свою озлобленность на жизнь в целом, что не редко бывает у тех, кому хуже. Вести себя с тем, кто слабее вас, также как с равным не только правильно и этично, но и выгодно.

Понятно, что когда отношения строятся примерно на одном и том же уровне, взаимодействие сторон определяется переговорами примерно равных. Этому варианту взаимоотношений посвящены почти все остальные главы и нет смысла обсуждать их здесь.

 А как сделать так, чтобы общаясь со стороной, явно превосходящей вас своей мощностью, вести переговоры, не превращая их в диктат более сильной стороны? Как превратить relationship с тем, кто сильнее вас в переговоры равных? Согласитесь, разговор подчиненного с начальником может легко превратиться фактически в выслушивание приказов, а не переговоры. Весьма похожая ситуация возникает не только при разговоре с начальством, но и при обслуживании клиента, который чрезвычайно богат и/или обладает огромным политическим весом. Даже тогда, когда к вам, в вашем офисе, обратилась *селебритис* за неким сервисом возникает ситуация «неравного брака». Неравенство может быть даже не в деньгах или славе, но просто клиент – хам, уверенный, что весь мир ему обязан. Неоднократно наблюдал, как человек, вообщем-то ничем особенно не отмеченный, кроме своей склочности и изначальной готовности судить всех и вся в верховном суде по поводу и без повода, приводит в трепет сэйлсменов и менеджеров. От таких клиентов все стараются избавиться с минимальными потерями, но не всегда это удается, так что нужно уметь с ними работать.

Когда мощность клиента превосходит мощность relationship manager и такой клиент не скрывает свое превосходство, возникает весьма специфическая ситуация. Вроде бы клиент такой же как и все другие клиенты и он нуждается в вашем сервисе, но *обе* стороны хорошо осознают разницу стоящих за ними сил (денег, влияния, паблисити, психического давления). Вы знаете, что от такого клиента можно получить звездную сделку, но можно и нажить большие неприятности, если что-нибудь пойдет не так. Селебритис тоже прекрасно понимает, что может претендовать на большее, чем рядовой клиент, даже если демонстрирует свою демократичность. Особенно сложная ситуация складывается, когда такого «звездного» клиента подсознательно изначально раздражает необходимость обращаться к «мелкой сошке». Пусть и пустяковый вопрос, но не менее президента компании должен заниматься этим пустяком! Часто именно так и происходит – большой босс встречает селебритис и всячески демонстрирует, что рутинный вопрос клиента-селебритис решается на самом верху, даже если на самом деле это не так. Иногда, впрочем, Большой Босс предпочитает появиться на сцене попозже – собрать лавры и закрепить стратегические отношения, а клерку более низкого ранга предназначено провести разведку, черновую работу с клиентом и при необходимости принять на себя все шишки, если что-нибудь пойдет не так, как нужно.

К ведению дел с теми, кто сильнее нас следует относиться с особой тщательностью не только потому, что премия в этих делах может быть выше, не только потому, что кара в этих делах более вероятна и более строгая, но и потому, что на них особенно хорошо оттачивается профессиональное искусство «relationship manager», к чему всегда стремится тот, кто не просто работает, но любит свою работу.

Видели ли вы как строят отношения два кобеля, которым надо о чем-нибудь договориться (о дележе территории двора, а дележе пищи или сук, о дележе внимания хозяина)? Когда они примерно равны по размерам и силе, их поведение как бы зеркально: они останавливаются на примерно равном удалении друг от друга, одинаково жестикулируют и в крайнем случае равно ввязываются в драку.

А если они изначально не равны? Например, один значительно крупнее и мощнее другого. Или один подросток, а другой матерый, с опытом и навыками вожака. Или один на своей территории, а другой чужак. Или за одним из соперников стоит стая поддержки, придающая ему уверенность.

В случае значительного перевеса противной стороны естественная тактика «переговоров» заметно отличается от ситуации примерного равенства. Более слабый может изначально демонстрировать свою «малость» как бы прося о снисхождении (ушки и шерсть прижимаются, сам он приседает или даже ложится, мол, «смотрите, я даже меньше, чем кажется!»). Это **тактика вымаливания**. Расчет строится на том, что «орел мухами не питается».

Другая тактика – уравнивание позиций **симуляцией силы** перед началом выяснения отношений. В этом случае симулируется не предельная малость, а наоборот не существующая на самом деле сила. Такой той-пудель перед лицом сенбернара симулирует недостающие качества - вздыбливает шерсть чтобы казаться больше или лаит особенно сильно, как бы созывая стаю поддержки и шумом компенсируя свою видимую слабость. Часто такой малыш, компенсирую свою малость, ведет себя особенно нахально.

Наконец, наилучшая тактика (ею пользуются хорошо социализированные собаки) состоит в том, что маленький пес с достоинством демонстрирует свою доброжелательность игнорируя явное превосходство соперника, но не нарываясь на конфликт и в то же время зная границы, до которых готов отступить, но не далее. При всех обстоятельствах любой, даже самый слабый знает границы ниже которых он не может опуститься: лежащий пес-слабак позволяет обнюхать себя всего, но при прикосновении может возмутиться; отступит в самый угол двора, уступит все, но в есть та черта (которая может проходить буквально у носа слабака), дальше которой он отступать не будет и даст отчаяный отпор превосходящим силам противника. Кстати, слабак, который сумел по тем или иным (даже случайным) причинам постоять за себя против сильного обретет уверенность, которая при новых встречах воддержит его психологически и это почувствует сильный. Иногда, правда, опыт прежних, лично незаслуженных, побед может сыграть злую шутку с самоуверенным слабаком – он может ввязаться в драку, выиграть которую у него нет никаких шансов и было бы ему лучше сразу ретироваться, а не получать трепку. При правильном, достойном поведении такой малыш-пудель может приобрести в лице гиганта-сенбернара надежного друга.

Вернемся, однако, в мир людей. Иерархическая лестница человечества настолько длинная, что при всем желании не удается организовать профессиональное общение внутри примерно равных страт, когда общение происходит между людьми, стоящими на соседних социальных ступеньках. Довольно часто возникает ситуация, в которой relationship manager работает с человеком, стоящим на социальной лестнице на много ступеней выше. В принципе, тактики поведения те же, что и в естественных (биологических) условиях: **уничижение, симуляция или достоинство.**

За исключением некоторых восточных деспотий, вариант поведения, когда слабый, заискивая, ползает на брюхе перед сильным, и гордится тем, как хорошо он исполняет ритуал униженного просителя-лакея, никто никогда не хочет признаваться, что эта манера поведения входит в ассортимент его рабочих методов. Тем не менее, если не слушать рассказы клерков о их бравом поведении в подобных ситуациях, а следить за их поведением, то окажется, что в том или ином виде прием подобострастия не так уж редок в современном деловом мире. Красиво-некрасиво, но он работает, и если выгода (польза) – доминирующий мотив, то он оправдан. Клерки многих компаний, работающих с селебритис, вышколены выполнять любые капризы of the Big Customers лишь бы продажи росли.

Симуляция значимости тоже стандартный прием работы с сильными клиентами. Это проявляется уже тем, что в *полиси* многих компаний название должностей клерков сильно завышено. Некоторые компании не без умысла присваивают сотням своих довольно низовых клерков титулы «вице-президентов» и тому подобные, как бы стараясь приподнять рядового клерка с малой зарплатой до уровня клиентов, чей доход и влияние могут быть многократно выше. При некотором навыке такой клерк умудряется производить впечатление значимости собственной персоны и порой оказывается в положении, когда может навязывать свою волю объективно гораздо более сильному клиенту. Достигается это, с одной стороны, внушением страха перед неведомым доселе рисками могуществу клиента («о, вы знаете, ваш авторитет может сильно пострадать, если я для вас не сделаю то-то и то-то» - эффект папарацци), а с другой стороны, намеками на некие силы, якобы стоящие за клерком («с завтрашнего дня я иду на повышение, буду начальником, а это я просто так для развлечения»). Этому же служит дорогой костюм, эксклюзивная ручка и «Ролекс», возможно купленные на последние деньги. Если прием симуляции выполняется по-умному и позволяет клерку делать дела выше его реальных возможностей, есть шанс, действительно вырасти до того уровня, которому на данный момент клерк соотвествует только внешне. Если же утрирование роли карикатурно, то можно нажить большие неприятности.

Прием достойного поведения одновременно самый простой и самый сложный. Прост он потому, что надо быть самим собой. Сложен он по той же причине. Исполняя его relationship manager как бы делает statement: «да, я знаю, что во многих отношениях вы, мой клиент, сильнее меня, но я тоже человек, и тоже уважаю себя. Я могу для вас сделать то-то и то-то и в ваших интересах помочь мне помогать вам». Кстати, с действительно умным клиентом это единственный способ наладить хорошие отношения. Те сильные, кто сделал себя сам, обычно ценят правдивость позиции такого менеджера отношений. Те, кому сила, мощь достались игрою случая или чужими благоволениями, чаще предпочитают видеть у себя в услужении лакеев или заблуждаться по поводу реального веса своей «обслуги».

Если вы избрали тактику достоинства, то когда имеете дело с Big Customer полезно вспомнить, что вы у себя один единственный. Вы должны любить себя по-прежнему, до встречи с этим клиентом и после нее. Поэтому чувствуйте себя спокойно – в конце концов кто бы ни был перед вами, вы должны делать свою работу хорошо. Строго следуйте требованиям этикета и выполняйте правила, оставьтесь самим собой. Умный оценит. Конечно, Big Customer ориентирован обычно на более дорогие и весомые продукты, которые может ему предложить фаша фирма, но не забывайте, что и у Big Customer могут быть простые человеческие потребности. Довольно часто какая-то рутинная мелочь может быть весьма привлекательна для него как и для любого рядового клиента. Предлагая же нечто эксклюзивное не следует сильно напирать на эксклюзиность продукта, пусть это будет в контексте «стандартного набора для стандартного Big Customer». Обязательно держите дистанцию – инициатива сближения с Big Customer должна исходить от него, а не от вас.

....

Самое главное – это определить какая тактика даст лучшие результаты с конкретным Big Customer. Судить о нем нужно строго и быстро. Это самое трудное, но если вы правильно определите тип мощного клиента и приемлемую тактику в общении с ним, то ваша задача на 80% решена.

7. Проникновение в защитную оболочку. Установление контакта.

Каждый день, на работе ли, вне ее ли, мы сталкиваемся с массой людей. Прохожие, случайные посетители, обращение к нам за решением своих проблем с другими людьми и решение своих проблем другими людьми дарит нам великолепную возможность контактировать с современниками. Выходим из дому и встречаем соседа. Стоим на остановке в ожидании метро и рядом десяток других ожидающих. По дороге в свои офис заходим купить чашечку кофе и получаем ее из рук работницы. Заскакиваем в химчистку забрать свои вещи и выразить недовольство/благодарность за качество предыдущей чистки. Приходим в офис и проводим с десяток встреч + три десятка звонков по телефону. Идем после работы по улицам и разглядываем лица случайных прохожих. Вечером заезжаем заправить свою машину, встретить свою подругу и пойти с ней на дискотеку. И все это время встречаем людей, встречаем людей, встречаем людей... Встречи запланированные, встречи случайные...

Средний человек без всякого умысла встречает в день от нескольких сотен до нескольких тысяч других людей. Какая великолепная возможность для продавца товаров и услуг! К сожалению, 99,9 % этих встреч пройдет незамеченными нами и потенциальными покупателями наших услуг. Представьте себе на минуточку, что вам удастся сделать продуктивными только один процент этих встреч – на сколько вырастет ваш бизнес! Беда лишь в том, что встречи эти как соударения молекул в бройновском движении остается без желаемых последствий. Почему? Да по тому, что встреча не привела к контакту – мы незаметно проходим через поле зрения этих людей и незримо пропускаем их через свое. Как сделать так, чтобы хоть часть этого подарка судьбы превратилась в нечто полезное? Мы откроем вам этот секретик: нужно самому замечать людей и предпринимать действия, чтобы стать видимым для других.

Как запланированные (визит посетителя к вам, ваш звонок или визит к потенцильному посетителю), так и случайные встречи изначально могут быть трех родов: позитивно окрашенные, негативно окрашенные и индифферентные. Позитивно окрашенные – самые лакомые для бизнесмена. Человек уже расположен к вам – можно сразу переходить к делу. Не на много хуже, когда изначально человек испытывает отрицательные эмоции. В этом случае вы лишь должны поменять знак ваших отношений. Как ни странно, это не так уж сложно. Например, можно попытаться выяснить причину плохого настроя собеседника и исправить положение. Можно показать человеку, что его недовольство вызванно не вами, а вы как раз на его стороне. Можно просто искренне посочувствовать человеку (многим не столь важно решить мучающую его проблему сколько дать почувствовать что он не один в своей беде, что он находит подержку, стороников). Как конкретно поступить в каждом конкретном случае, чтобы переделать отрицательный контакт в положительный мы поговорим позже, когда будем анализировать стереотипы людей, важно другое, что раздражение, плохое отношение – уже повод вступить в переговоры, наладить контакт. Значительно сложнее ситуация, когда нет никакого контакта, когда человек, который должен стать вашим покупателем индифферентен к вам. Вы как бы не существуете для него, не входите в его психическое пространство. Таких, кстати, большинство среди тех, с кем вас сталкивает жизнь, его величество Случай. И именно в этом огромном сырье для будущих продаж кроется ваш резерв для будущих чемпионских достижений сейл-мена.

Для того, чтобы превратить индифферентного ко мне человека в моего покупателя я использую, в основном, три приема: вербальный, мимический и прием пространственного вторжения.

Вербальный прием заключается в том что нужно заговорить с постоонним человеком. Не столь важно о чем, но нужно с ним заговорить. Темы могут быть самые разные – погода, комплемент ребенку, собачке или самому человеку, результаты футбольного матча, политические новости и прочее. Вы не знаете отношение случайного встречного к данной теме (хотя можете более или менее точно предполагать) – не бойтесь заговорить. Вы всегда можете скоректировать свою позицию по поводу погоды или даже отстаивать свою точку зрения – из-за этого вы не посоритесь, но возникает повод из безликого встречного превратиться для потенциального покупателя в собеседника. Три-четыре фразы, если они вызовут реакцию, установят контакт, позволяющий мягко поинтересоваться интересами человека. Дальше дело техники подойти к бизнесу. Не обязательно чтобы каждый контакт заканчивалсяя продажей в тот же день, важнее установить отношения. Не сегодня, так в другой раз человек установивший с вами психологическй контакт будет готов иметь с вами дело. Может быть через некоторое время у него возникнет потребность в сервисе подобному тому, который вы продаете – больше шансов, что он обратится к вам, с которым он уже как бы познакомился.

Мимический прием похож на вербальный, но вместо слов вы своей искренней улыбкой, позой заинтересованности можете подтолкнуть человека к контакту. Очень сложно нормальному человеку не ответить на адресованную ему улыбку или благожелательный жест. В ряде случаев можно просто протянуть руку и поздороваться – физический контакт очень сильный стимул пообщаться. Правда здесь следует быть весьма осторожным в плане культуры общения. В некоторых культурах физический контакт воспринимается как нарушение индивидуальных прав и рукопожатие может навредить, в других оно только приветствуется. (Donald Trump does not like to shake hands, warms)

Весьма эффектен прием пространственного вторжения. Например, в боьшом офисе находится человек, который может стать вашим покупателем. Он не склонен вступать в беседу и вообще подумывает не уйти ли ему. Он абсолютно независим от вас и вы для него фоктически не существуете. Что будет если вы просто подойдете к нему и будете стоять в непосредственной близости как бы ожидая от него каких-то действий? Человек будет чувствовать себя несколько некомфортно и почувствует любопытство – А что этому типу от меня надо? Он вас заметил. Теперь вы уже не безликий для него. Улыбка, проявление интереса, завоевание расположение - и вы вступаете в контакт с этим человеком. Когда в тесном вагоне метро вы оказываетесь в непосредственной близости в другому человек – это не так воздействует на него, как если во всем большом парке вы выбали место непосредственно рядом с этим человеком. Вы просто стоите идержите паузу. Это раздражает. Он даже может сам первым заговорить с вами: мол «чем обязан такому интересу?» То есть понятно, что этот человек считает, что он заслуживает всяческого интереса, потому что это ведь ОН ЛЮБИМЫЙ, но почему именно вы проявили такой интерес его настораживает – может вы что-то в нем не одобряете, или даже замыслили что-нибудь отнять, например, его психическое уединение в толпе. Подсознательно, ему будет очень приятен маленький сюрприз подтверждающий то, что он всегда знал - он интересен, к нему относятся с уважением, и когда оказывается, что ему, наоборот, не грозят отнять, но хотят дать что-то, то хотя бы чуть-чуть человек обрадуется. Конечно, вам никогда не удастся стать на место центральной фигуры психического мира другого человека – это место прочно и на всегда занято им самим – но обозначиться в этом поле как значимый объект вы можете. А вам большее и не нужно, вам нужно вступить в контакт.

Конечно, контакт должен готовиться заранее. Эта подготовка состоит из общей и частной составляющих. Вы всегда должны быть готовы к контакту, котоый подарит вам жизнь, и вы должны специально готовиться к запланированной конкретной встрече. Собственно, общая подготовка – это вся ваша жизнь. Это ваше воспитание, ваши манеры, ваш стиль одежды, прическа, аксесуары и прочее – все то, что посылает окружающим сигналы: «я хороший, я заслуживаю доверия, я сам в порядке и вам сделаю хорошо, я ваш друг и помощник!» В сейлс-мэне нет ничего такого чтобы не влияло на эффективность его продаж: его начитанность – резерв для приятной беседы, его культурость – путь к душам покупателей, его речь – услада слуха покупателя. Общая подготовка работает статистически. Она направлена на то, что бы побольше людей сделать вашими покупателями, понятно, что она аппелирует к самым общим человеческим представлениям о том, как следует одеваться, вести себя, говорить.

Специальная же подготовка ориентирована на отдельные, заранее определенные объекты, она в начительно большей степени адресна. Такая подготовка к контакту включает в себя т.н. разведку и заготовки. Понятно, что чем лучше вы знаете человека, с которым предстоит вести переговоры, тем лучше вы к ним подготовитесь. Может показаться, что разведданные взять не откуда. Это не так. Имя, фамилия, адрес и телефоный номер уже могут дать многое. Хорошо если известен род занятий человека. В отдельных случаях полезно поискать информацию на Интернете. Идеально, если удастся навести справки через общих знакомых – такая информация может быть особенно полезна, когда во время встречи окажется, что вы знаете что-либо об увлечениях собеседника, его детях, собаке, достижениях. В самом скромном варианте вы можете постараться на том материале, который у вас есть, соотнести человека со стандартным стереотипом. У представителей одного стееотипа, как правило, проблемы и интерес сходны и вы сможете строить контакт по аналогии с другими контактами с людьми данного стереотипа. Нужно, однако, иметь в виду, что всегда следует отдавать себе отчет базируетесь ли вы на конкретной информации или на статистических предположениях на основе отнесения к стереотипу. Иначе могут возникать болезненые ошибки (да, большинство представителей данного стереотипа любят собак, а ваш конкретный их ненавидит – он любит кошек).

На основе вашего представления о том, с кем предстоит встретиться, стоит внести коррективы как в общую так и в специальную подготовку к контакту. Может стоит, внести новые акценты в одежду, может прочесть что-нибудь или просмотреть последние новости, возможно даже заготовить уместную в конкретных обстоятельствах шутку. Если вы работаете по-настоящему, т.е. на пределе своих возможностей, то никакая помощь в ходе переговоров не будет лишней. Заготовки освободят ваши мозги для того, что нужно будет срочно обдумать уже в ходе беседы. Пусть у вас будет запас психических сил – в природе это достигается тем что стандартные, повторяемые элементы выводятся из серии действий, требующих участия мысли. Они переводятся в навыки, автоматизмы, рефлексы, инстинкты и тогда мышление высвобождается для работы только над новой и нестандартной информацией, требующей креативного решения.

Equality between buyer and seller
- American
- Canadian
- Italian
- French
- Russian
- Japanese
- Chinese

- Brazil
- Argentina
- Israel
- Arabic
- Iran
- British
- Korean

Intellect affection on negotiation style
- Aggressiveness
- Truth
- Size of the pie
- Preparation
- Disclose emotions and goals
- Ask questions

Use of time for your advantage
- Americans in patient
- If someone in a rush
- If someone has extra time, how to use that to your advantage,
- Give what the other side wants in abundance

Discuss the whole deal at once or segregate to small peaces
- Big picture
- Paining attention to particular details

Prisoner dilemma
- Two suspects are arrested by the police. The police have insufficient evidence for a conviction, and, having separated both prisoners, visit each of them to offer the same deal. If one testifies (defects from the other) for the prosecution against the other and the other remains silent (cooperates with the other), the betrayer goes free and the silent accomplice receives the full 10-year sentence. If both remain silent, both prisoners are sentenced to only six months in jail for a minor charge. If each betrays the

other, each receives a five-year sentence. Each prisoner must choose to betray the other or to remain silent. Each one is assured that the other would not know about the betrayal before the end of the investigation. How should the prisoners act?

Create value versus create relationship

Negotiations styles

- American (Yale, Harvard, NYC, South)
- Asian

Asians try to avoid direct confrontation, would say yes to the face or avoid permanent answer and then find excuse or without explanation will look for better deal somewhere else with someone who understand their culture better.

- Eastern Europe

Eastern European is a collective culture bargain so they tend to ask for advice from friend or family member. Also if a few sales people confirm that product is good they may buy, but if just one person would tell those about product, their individualism would not let them buy just on personal instincts versus western civilizations where most of the decisions made personally by the person at the chair.

- Japanese

Japanese like to pay attention to details, love poker face, and consider emotions affect badly fair deal. Also like to go for the whole deal rather than share responsibility.

- Canadian (very pleased and smile, testing partners for little favors, try to consider the other side feeling carefully) looking for pleasant relationship after negotiations, very collaborative style
- European
- Brazil (abrupt, tend to be late at in time to show who is boss, substantial emphasis on power, personal friendship means a lot.

Age difference in negotiations

- Child

Children tend to pay attention to things that are immediate, bright, loud, very little consideration to others feeling. When negotiate with child try to use power and respect as more experienced person. Draw more examples. Bring emotions in negotiation, tend to ask for help from other adults in case they can not get the deal they want
To be successful in negotiations you need to lead a child, paint a picture with your words, be exciting.

- Adult

Adults pay attention who to who has the power in negotiation, look to over power the opponent.
To be successful in negotiations you need to have power or show respect to their power, Watch their personal space.

- Senior

Seniors like to take their time, not to be rushed, look for long term results. Pay attention to trust issue.
To be successful in negotiations you need to build trust, listen for real buying signals, take your time, patience.

Segregate bigger issue and details

Some negotiations parties would consider all the issues on the list, you need to consider bigger issues as with more weight rather than smaller details. That way you may give up in many little things and win a bigger deal where it matters.

- What is more important to comment on that moment issue and yield argument on small deal and win big deal

Appeal to nobility

Many people want to feel noble so by asking for higher ground you bring to negotiations to the level of honor and nobility that way people may forget some past disagreement in a desire for future collaboration. It feels good. Very powerful appeal

- Ask for good will, if person likes you he/she may give you a bit of free space waiting for reciprocity on your side
- Perceive the other side as kind and they will act kind even if they are evil

People think of them self as good even if they are very bad, so by considering and showing respect even with evil person you may evoke in him/her a good spirit and get some good reciprocity and collaboration

- Appeal to the best in other party

That way you give a person a chance to forget their evil side and act only as noble persona, since others do not see that in them, I try to very respectfully address in full name without any familiarity that way they feel more honor and less desire to cheat me out of fair deal, even if other side consider that as weak approach I would stick with strategy that way negotiation can keep going on and I have always an opportunity to walk away, but I give them no reason to walk away

- Reason to healthy thinking

Every person thinks of him/herself as rational thinker, by trying to reason like the Godfather in Mario Puzzo book you get a chance to see every angle of the deal.

Eye contact

Eye contact very important, it gives a person a chance to look you in the eye. Some nationals like Russians pay a lot of attention to human eye. Do not blink to much, appear calm. Look directly into person eyes but not too long that could be considered intimidation. Especially if man looks in the woman eyes she may consider him interested in something more than negotiation on the table and respond irrational to deal at stake. Cordially smile when you look at someone eyes, that way you remove the threat even if that is your intention, it just intensify your desire to get to the bottom of things to do the best possible deal.

- Body language (adjust body to the best position)

Crossing legs is a bad sign in many nations, consider of hiding something, also the same for crossing hands on the chest also a symbol of closed mind
Hands on a table visible with ladoni open, collaborative movements.
Touching hair or scratching is a bad sign for not saying the truth.

Playing with watch or ring removes attention from topic and take attention, although when presentation is length and other party attention is disoriented it is helpful to flash bright object like watch or ring and knock on table that bring them back to what is at the table.

Sit straight, do not slouch, do not lay back, that is the sign of to relax and disrespect. Too much leaning forward is a sign of to much want a deal, invasion on others space.

- Remove noise from your pose

Everything like stripe shirt can take others attention from the topic and make them think about stripes distance from one to the other rather than listen your message. Color shirt can be interpreted as not fully respected meeting. White shirt is always the best. Even blue shirt can mean routine meeting, and for the best meeting of your life, you would wear white shirt like for your wedding day.

Button your top button, that means mean business and no slack, straight tie mean straight spine and knowledge of the discipline and honor. Do not wear anything that can take attention from what is at the desk.

- Acknowledge does not mean to agree

Sometimes the other party wants you to make believe their side of the issue and would pressure you to see their views in their eyes. The best is to acknowledge their view and respectfully acknowledge that is not the same as agreeing, otherwise they would feel comfortable that you accept their view now and later on back down from earlier position. You may look like someone swaying both ways and not reliable partner. Be firm but that does not mean that you should lose attention of the other side.

Selective perception

When you talk others may only listen to what they want to hear, rather than full story, let's say good and bad sides of your product/ proposal. Try to accent points that the other side may miss so later it would not sound like you did not mention those points and you would be called liar or cheat. There are more important and less important parts of your presentation, try to get other party best attention spin when you talk about important aspects more.

- Reciprocity

People are reciprocal creatures. It is nice to take advantage of that feature. Many stores gives free samples or do something for free for you in hope that you in return buy their products and cover eventually expenses for the initial free gesture. Take and give is very deep in human emotions even many animals have that instinct like the dog when its bring you toy. Little gifts and favors matter.

- Social prove (testimonials)

Many businesses are sold applying testimonials that is something that works in society with deal collective roots. There are different ways to show respect and power of your presentation/product, recognitions and awards in the office is one of the ways to show social prove that what you do is attested by someone or better professional as proper solution. Doctors, lawyers have their diplomas in the office as well as licenses on the walls as prove that society attest that they know what they do.

- **Scarcity (the less person available, the more influential he/she is)**

People have a weak spot for conspiracy theories. One theory is that the fewer people available the more that person is important and desirable to deal with. That is because wealthy people or people at power are busy and less available to the public so less busy person may want to appear busy and not available so others perceive him/her as busy, someone knowing what hi/she is doing.

Not always true, usually you can accomplish more by being open to conversation, more flexible than the other guy. That way you may hear about business opportunity that person that appear to be busy.

The good use of scarcity is when the other party does not respect your time and effort and think that you can work for free, has lack of respect for your desires. In that context to show that you are busy and would not waist your time for nothing is a good thing and may show other side that they over archive zone of possible deal and now they have to start to cooperate. It is the time when you can change them a bit more to get even, do not go in that direction. Stay fair as if they been fair to you from the beginning that would earn you respect and trust.

- **Visibility**

Being visible is very important in sales, it makes you at the top of the news, Facebook, twitter, and other social media accomplish that in some way in addition to tradition advertisement like newspapers, TV, and other media.

Being approachable help you to be the first choice of business.

Salami tactic

Comes from ancient army tactics by Alexander Macedon's, it means divide and concur. Is a way to take control of the meeting? Appeal as you have the authority to tell them what to do and you know how it deals lay down.

- **Divide and concur**

Cherry picking

Is the tactic when you can choice clients to deal with from large pile and you deal only with the wealthier customers or only perceptive customers to your ideas, or you pick only the best clients from plenty of opportunities or start with those where you get the most chances to make a sale?

A good strategy if you do have limited time and many options but eventually lucks systematic approach on the down side.

- **Choice best customers to deal with at the moment**

Value your time, try to deal with the most important issue at hand and than move to less important, priorities if you allowed. For example a sales person in the store is not allowed to service customers with large orders first and than everyone else who wants to ask a question.

- Value lays with fair strategy for all (public companies versus private)
                    Parable Orange concept
- One need cover
- The other needs juice
- Planting an orange tree or orange orchard

The idea behind orange is that if you get to place an orange on a table and you and I have to negotiate who gets it or bigger peace of the orange we can negotiate weather it should be 50/50 shares or I get 70 and you get 30 percent but at the end it would be tough for each one of us to get the whole thing and even if we share 50/50 still neither one accomplish his/her goal. But what if we move from distributive behavior and start to talk about integration. We may discover that I want the orange cover to make candy and you want orange juice, that way I can have all the cover and accomplish 100% of my goal and you can have all the juice and get your desire. What if we keep talking and realize that we may have a field where to plant seeds from the orange that way we can have a tree that will annually give you all the juice and I can get covers. What if we can expand the conversation and we can plant orange orchard, that way we can sell many oranges and provide for our families. That is an idea of expanding a pie to bigger picture partially by repositioning so neither one needs to compromise his/her goals. Not always easy to get it done but a great way to discover other issues that could be added to the issue on the table.

- Accept only creative outcomes

By that I mean that solutions that are fresh and new and created together have tendency to stick longer and be distinct and create more business. Try to think in negotiations out of the box, re invent yourself, your product, you proposition every time you get a chance. You have the right to be smarter tomorrow than you are today.

- Understand cultures, especially your own.

Before going to the negotiation territories try to understand you first. Who you are in negotiations, what mistakes you make. Knowledge of how you negotiate would give you an idea what to do to take best advantage of that and know your weaknesses and weak spot. You can work on improvement of your style and adjust according with whom you negotiate. You may want to consider explaining your negotiation style to the other side, explaining your culture, perhaps the other side will reciprocity and share there view on the issue. That way you can look for common ground.

- Don't just adjust to cultural differences, exploit them.

Take advantages of the cultural differences. Learn the other side at the table, may be they would like to learn your ways.

- Gather intelligence and reconnoiter the terrain.

The more you know about your partner at the table the more you can use that information later on at the negotiation to advance your view.

- Design the information flow and process of meetings.

Try to have an exchange of ideas, find time for you to speak and time for the other side to speak, that way you know that you have a partner on the other side, otherwise you may lose their attention.

- Invest in personal relationships.

When it is personal it is always better rather than just a suite, get to know the other side, share some good information about yourself that would make you more human in the eyes of the other side, more likable

-
- Persuade with questions. Seek information and understanding.

If you find out why the other side is saying that they are saying, you would be able to address it appropriately, also you may see a solid reasoning in their agenda. It is never late to adopt a better vision if that is the case, not all good ideas in the world have to come from you, incorporate others solid thoughts in your presentation. That may help you to understand your position better.

- Make no concessions until the end.

Is a good strategy, as long as you know where the end is? May be you need to look at the beginning. You know beginning is a better word than end. Beginning starts things and end finish. Sales and negotiations are usually about beginning of the new chapter rather than closure.

- Use techniques of creativity

- Continue creativity after negotiations.

From wikipedia

- Establish common goals of what this "collaboration" would create. A more workable deal? Some common long term goals? A closer partnership?
- Establish the rules of engagement. The purpose of the exercise is to resolve differences in creative ways that work better for both parties. All ideas are possibilities, and research shows that combining ideas from different cultures can result in better outcomes than those from a single culture.
- Trust is key, and difficult to establish in many cultures. Certain techniques might speed that process a little. Being offsite, for example. Establishing physical proximity that unconsciously signals intimacy.
- Add diversity (gender, culture, extroverts, different work specialties, experts, outsiders) to the group. Indeed, the diversity associated with international teams and alliances is the real goldmine of creativity in negotiations.
- Use storytelling. This both helps establish who you are and what point of view you are bringing to this collaboration.
- Work in small groups. Add physical movement. Tell the participants to relax, play, sing, have fun, and silence is ok.
- Work holistically and using visuals. If, for example, there are three sticking points where neither side is happy, agree to work on those points by spending a short time – 10 minutes – on each point where both sides offer "crazy" suggestions. Use techniques of improvisation. Neither side should be offended

by the crazy ideas. No one should criticize. Explain that by exploring crazy ideas that better ideas are often generated.
- Sleep on it. This enables the unconscious to work on the problems, and gives negotiators time to collect opinions before meeting again the next day. Other kinds of breaks, coffee, etc. are also helpful. The overnight part is particularly important. Anthropologist and consumer expert Clotaire Rapaille [9] suggests that the transitions between wakefulness and sleep allow new kinds of thinking "…calming their brainwaves, getting them to that tranquil point just before sleep" (page 8).
- Doing this process over several sessions allows both sides to feel that progress is being made, and actually generates better and more polished ideas that both sides can invest in.
- It is the process of creating something together, rather than the specific proposals, which creates bonding around a shared task and establishes new ways of working together. Each side feels honored and all can feel that something is being accomplished.

Ask questions or not to ask questions?

It depends sometimes it is time to listen and absorb without interaction and misdirection, see where that can lead, it can open some information that you have not thought to ask. Asking questions can help you to lead conversation in the direction that you want to follow.

- **Too many questions**

Too many questions can be perceived and obnoxious and never ending and you may miss real buying signals when it was time to sign and you miss because you ask questions when it was time to sign the deal.

- **Not enough questions**

If you move to close the deal too fast you may miss important peace of information. It has to be the right mix

palm of the hand

Equality between buyer and seller

- American
- Canadian
- Italian
- French
- Russian
- Japanese
- Chinese

- Brazil
- Argentina
- Israel
- Arabic
- Iran
- British
- Korean

Intellect affection on negotiation style

- Aggressiveness
- Truth
- Size of the pie
- Preparation
- Disclose emotions and goals
- Ask questions

Use of time for your advantage

- Americans in patient
- If someone in a rush
- If someone has extra time, how to use that to your advantage,
- Give what the other side wants in abundance

Discuss the whole deal at once or segregate to small peaces

- Big picture
- Paining attention to particular details

Prisoner dilemma

- Two suspects are arrested by the police. The police have insufficient evidence for a conviction, and, having separated both prisoners, visit each of them to offer the same deal. If one testifies (defects from the other) for the prosecution against the other and the other remains silent (cooperates with the other), the betrayer goes free and the silent accomplice receives the full 10-year sentence. If both remain silent, both prisoners are sentenced to only six months in jail for a minor charge. If each betrays the other, each receives a five-year sentence. Each prisoner must choose to betray the other or to remain silent. Each one is assured that the other would not know about the betrayal before the end of the investigation. How should the prisoners act?

Create value versus create relationship

Negotiations lecture #5
sub processes
Levels of conflict

- **Conflict in yourself (ideas, thoughts, emotions) negotiate with yourself**

    One of the things that you can do before the sales meeting you can negotiate with yourself. First it would be practice for yourself, second of all you would know how far you can go in what direction, you would know your position.

    Your ideas can be not shared by other side. Is that necessary as long as you getting what you want from them in the deal?

    Your emotions, if you are passion about the product or presentation that you make that helps to sell, but it also can cloud your judgment and prevent you from seeing some truth in the other side position. You thoughts could be also incomplete on the subject and other side may bring a better or distinct view on the subject, try to learn those thoughts it may help you at the next negotiation table with someone else or at the next round of negotiations with that partner.

- **Conflict within different groups**

    There are different groups at the negotiation table, there is a party that is represented, it could be also its lawyers or union members who represent their interest. It could be younger generation like son or daughter representing a senior at the negotiation table with nursing home. And the interested of the party often a bit different from the interest of the party. Perhaps son who represent father at the nursing home negotiations does not have father best interest at heart, just want father out of the house. Or perhaps union leadership just wants to collect their salary and show that they do something in reality very little done for the union members. Or lawyer want to collect his fee either way the case would go so, lawyer does his/her best not always the best thing for the case.

    We will examine different ways how to deal with the party interest.

Third party introduction

- Liabilities
- Mediation

    Mediation is the situation when someone represent both sides of the party and wants concord. Judge sometimes performs that function but also try to obey the law, not only interests of the parties and interest of the public. For example in child custody cases battles judge mostly look for the benefit of the society that child be not a burden to tax payer and than for the interest of the child than for the interest of the mother and than for the benefit of the father if any left. Usually in those negotiations, there is a lot at stake and each party, like lawyers, court and parents have a bit different priorities.

Remedies

- Getting mad

Sometimes works and calms the opposite side. But sometimes it can get them scared or reserve from further communications and the door for future negotiations can be closed.

There are times when getting mad means that the side reaches the end of the zone of possible agreement and that is what causes the emotion as the symbol. No more.

- **Getting even**

Is a bad tactics that leaves bad taste in mouth because there is always reciprocity in getting even from the other side as well and that leads to end of the collaboration, hurt the bottom line of both sides?

- **Tensions and de escalations**

Tensions could be caused by not understanding other side position or time frame deadline or pressure to sign the deal, all that usually drives away from the deal

It escalates the situation to unmanageable that is the situation when someone can be shot or killed.

- **Ultimatum**

Is a tactic when an opponent threaten to do something unless, that is my lowest price. If you refuse that proposal I walk away or go to your competition. It is very difficult to hold face in case the other side calls your bluff. Ultimatum can work very well with someone who has no other choice or not prepared for other offers or feel threaten by your ultimatum otherwise it is a very bad practice, because it rarely has repeated business. Only sadomasochistic person would deal with someone who thread with ultimatum more than once. In some cultures that is necessary tactic because otherwise the opponent feels that they can bargain further and further and only when he/she hears ultimatum that they feel that is end of the bargaining discussion.

- **Being difficult**

Is a way to negotiate, is a good strategy when you deal with someone who may be threaten and really dependant on you. Otherwise that can tarnish reputation and that strategy close doors to future negotiations. No one like difficult customers and next time you will experience hire price to cover the humiliation of dealing with difficult person or black refusal to deal with. Usually people with being difficult strategy end up at the end with worth deal than pleasant people because sales person sells them the first thing they willing to buy and wants them on the way out of his/her face. They do not get all the facts, but minimum information in order to get rid of them. The more you talk with someone who play being difficult card the less desire to share information with such a person, so they end up with worth deal. People who place being difficult card, do not a benefit of a doubt that next sale could be beneficial, so it becomes just one time transaction. Usually those people complaint later on any way, no mater how great deal they get, so what is the point to give them best deal. Better to charge them premium, considering that in the future there is more effort to be wasted for complaints, litigation. Those people end up with the most plain vanilla product that does not require a lot of interaction with exchange of information and as result not the best not creative deal.

The best tactic to deal with being difficult person is to listen, write down their requests. Present your offer on paper. Try to explain that by being difficult customer/client/ partner they may not have partner at the table at all.

Differences

- Self – Efficacy

    When a salesperson always right he/she feels that what ever challenge in front of him/her they can concur. That brings too much of the confidence and a real partner at the table can feel that demands of such a person are unreasonable and deal could be lost. Only people with low confidence can bite such a behavior. And that is substantial chunk of population

- Self – Monitoring
- Omnibus approach
- Interpersonal trust

Coalitions

It is easier to negotiate if a group of negotiators organize together like a union or party or group.

I participate in group of fishermen and hunters to get better price for the expenses shared on trips.

Also groups of buyers for the apartments from the developer gets a better deal than individual buyers of the apartments.

- Multi party negotiations
- Pre negotiations

    Very important, that prepares you to know your "best alternative to not negotiate" prepares all the ideals on the table, consider how the deal can be expanded,

Integrative negotiation

In my vision that is the best negotiation strategy that creates long term relationship and end up with more business and more good relationships than any other strategy

- Flow of information

    A substantial part of the integrative negotiations is and exchange of information that way parties get to know what each party needs to know about the other to present its case and see the case of the other party in others eyes.

- Commonalities emphasis

    Paying attention to commonalities helps parties to build some kind of bond that in the future can hold negotiations together. Russians like to deal with Russians, African American wants to deal with African American, and man like to deal with man on sensitive issues as their reproductive health for example.

Woman wants to talk to woman on the issues of the heart and that commonalities factor plays well in negotiations.

Try to discover if there is type of food that you and your party likes, consider if there are common places that you visit or originally from and the other party from. If there is common interest. You are married with kids and the other party also married with kids.

- Joint solutions
    Look for the solutions that both parties contribute

- Define problem
- Generate alternative solutions
- Common goal or objective
- Validity of the position
- History of relationship

Distributive bargain

- Settlement point
- Cost to terminate negotiation
- Other party expectations, cost to terminate
- Tactics
- Opening offer, stance, initial concessions
- Role of concessions
- Final offer

Sub processes

- Anchoring
- Winner curse
- Overconfidence
- Small number law
- Serf services biases
- Other cognitions
- Reactive devaluation,

Good words

Justice
Ethics

- Reason

- End result
- Rule ethics
- Social Contract

- Personalistic ethics

Bad words

- Sales
- Positions

Gender
Sales tactics overcome

- How to beat low ball tactic
- How to beat kind practice
- Misdirection
- High voice
- Silence

Avoid response when?

- Address it later
- When to avoid
- When to forget (Corleone)
- Dismiss
- Power adjustment

When to be balanced and when not to be balanced

- Anger
- Loud
- Fair
- What is better being positive or neutral?

Why compromise is bad?
Conflict management

- Contend – domination
- Yielding – accommodation or obliging
- Inaction
- Problem solving- collaborate, integrate
- Compromise

Heuristics

- Perception of loss or gain

Time and duration of negotiations

- Last minute concessions

- Conditions before negotiations
- Breaking negotiations to many small negotiations
- Discussing whole picture versus detail analysis

Separate issues from people

- Positions are not good
- Discuss ideas
- Proposals
- Different views on same issue

How would you characterize yourself and your counterpart

- Reputation
- Reliability
- Experience
- Education
- Comfort level

Aspirations prior to negotiations

- Low
- High
- In level

Process of dispute

- Fight
- Low key
- Breaking frames

High emotions
Israel – Palestinian negotiations

- Religion
- Passion
- History
- Rightfulness

Chinese Negotiation style

- Social linkage
- Harmony
- Roles
- Reciprocal obligations
- Saving face

Goals and wishes are different

- Link our goals and other party goals
- Measure goals
- Break tangible versus intangible
- Choice, chance, interdependence, imperfect information

Unilateral concessions – good or bad?

- Israel
- Other viewers
- Later, next state
- Guilt

Minimum goal max goal

- Interest, likeliness, chance for future collaboration
- Max goal – check today and contract for the rest of life
- Step by step
- First impression
- Leaving to desire for more
- Every day like last day, over performance

Trust and openness

- Know your needs and motivations
- Know other needs and motivations
- Predictability (good or bad)
- Aggressiveness (bluff, upper hand)
- Remedies
- Self dignity

Phases

- Initial
- Problem solving
- Resolution
- After and before prepare

Prepare and resolve everything prior to negotiation

- Than be open minded during negotiations
- Be creative
- Do not forget your bottom line
- Try to get more than what you planned

Consulting with others

- Ground rules

- Location of negotiation (yours, mine, neutral, hotels, restaurant) territory
- When to introduce other parties (prior, during, after?)

Setting targets

- Optimism (not to be upset if fail)
- Realist (leaving money on table, no extra satisfaction of getting more than plan)
- Pessimism (weak position)

Trades off prepare

- What to give up
- List of what to gain

- Order in what issues are introduced
- Size of trade offs

Bargaining mix

- Single deal always could be expanded to multiple deals
- (train yourself for future deals similar)
- Discover other things to deal about
- Try new strategy, practice, experiment
- Perfection of one time shot

Remove the other party resistance point
How to research other party

- Internet
- Friends
- Competition

- Pattern of concession making
- Commitment
- Power of first move

Establish commitment

- Finality
- Consequences
- Specific
- Public announcement

How to abandon a committed position

- Given what I learn today
- Let matter die in silence
- Re state commitment in more general terms
- For the good of public or company good leave position

www.ingramcontent.com/pod-product-compliance
Lightning Source LLC
Chambersburg PA
CBHW081146170526
45158CB00009BA/2712